REVUE
D'ETHNOGRAPHIE

PUBLIÉE SOUS LES AUSPICES DU MINISTÈRE DE L'INSTRUCTION PUBLIQUE
ET DES BEAUX-ARTS

PAR LE DR HAMY

Conservateur du Musée d'Ethnographie.

CH. VÉLAIN

LE DOLMEN DES BENI-SNASSEN

(MAROC)

PARIS
ERNEST LEROUX, ÉDITEUR
28, RUE BONAPARTE, 28
1885

LE DOLMEN DES BENI-SNASSEN

(MAROC)

Par M. Ch. VÉLAIN
Maître de conférences à la Faculté des sciences.

L'archéologie et l'ethnographie ancienne du Maroc sont encore presque entièrement à faire. Inexploré dans une fort grande partie de son étendue, cet intéressant pays n'a été vu que d'une manière toute superficielle dans les portions de son territoire que les Européens ont pu aborder, et la plupart de ceux-ci ont dû se borner à enregistrer les observations qu'ils relevaient en passant, sur les populations actuelles, sans pouvoir. en aucune façon, se renseigner sur les monuments du passé.

Seul ou presque seul, M. Tissot que ses études antérieures avaient admirablement préparé et que sa position officielle servait tout particulièrement, a réussi à recueillir un certain nombre de renseignements archéologiques et ethnographiques exacts sur l'angle N.-O. du pays. On lui doit notamment la constatation fort importante de l'existence dans cette partie du Maroc, de dolmens plus ou moins semblables à ceux de la Péninsule Ibérique et de l'Algérie, qu'ils contribuent à relier les uns aux autres.

Pendant un voyage exécuté de Tanger à Fez, M. Tissot a relevé cinq groupes de petits dolmens, situés tous entre le détroit de Gibraltar et la rivière Loukkos (Lixus)[1].

1. Tissot. *Sur les monuments mégalithiques et les populations blondes du Maroc.* (*Rev. d'Anthrop.*, t. V, p. 385-392, 1876, carte et fig.) — Il existe dans la partie nord du royaume de Fez, dit l'auteur, entre le détroit et le Loukkos (le Lixus des anciens), un certain nombre de dolmens, généralement distribués par groupes peu considérables, au moins dans l'état actuel des choses. On les trouve le plus souvent sur des monticules isolés, véritables *tumuli* naturels qui s'élèvent de quelques mètres au-dessus de la plaine ; quelquefois sur le versant des collines qui dominent les plaines d'alluvions.

« Les dolmens du Maroc présentent la même construction que ceux de l'Al-

J'ai été assez heureux pour trouver à l'autre extrémité du Maroc, chez les Beni-Snassen, un monument mégalithique beaucoup plus important que ceux des environs de Tanger : la courte note qui suit est consacrée à faire connaître cette petite découverte.

Sur les rives du Kis, qui tracent, comme on sait, la limite entre nos possessions algériennes et le Maroc, affleure à peu de distance de la côte (4 à 5 kilomètres) un grand massif de calcaires jurassiques, qui s'élève bientôt de manière à former une chaîne de montagnes orientée N.-N.-E. S.-S.-O. Cette chaîne pénètre dans le Maroc et le Kis la franchit au travers d'une gorge assez profonde. Le massif peut atteindre en ce point, distant de la côte de 7 kilomètres, une altitude de 200 mètres et se termine par un plateau assez étendu, le Djebel-Zabel, que dominent dans le nord-est quelques sommets peu élevés tels que le Rogba- Sidi-Brahim (227 mètres) et le Chouchra, (298 mètres).

C'est sur une partie un peu déprimée du Djebel-Zabel et à u n peu moins de deux kilomètres au delà de notre frontière que j'ai rencontré en juillet 1873, complètement à découvert et dominant les gorges du Kis, le beau dolmen que représente la figure ci-dessous.

Ce dolmen de forme rectangulaire , était constitué dans toutes ses parties par de grandes dalles, posées à sec, d'un calcaire gris compact, très différent des calcaires blancs marbrés de

gérie : quatre dalles brutes, plantées de champ, forment le coffre funéraire, que recouvre une cinquième dalle. Le coffre affecte presque toujours la forme d'un trapèze, sa largeur et sa profondeur moyennes sont d'un mètre ; le cadavre ne pouvait y être placé que replié sur lui-même. Tous les dolmens que j'ai observés sont enterrés dans le sol ; la dalle supérieure apparaît seule. Presque tous ont été ouverts et fouillés par les chercheurs de trésors ; le seul dolmen intact que j'aie rencontré ne contenait que des ossements humains réduits en grande partie à l'état de pâte blanchâtre, et quelques fragments d'une poterie grossière, noirâtre, mélangée de charbon. » M. Tissot énumère ensuite les dolmens qu'il a vus sur les monticules de El-Meur et de Dar Ghoulman, dans le bassin de Boukhalf (3 groupes de 6 à 8 tombes); sur le col qui sépare ce bassin de celui de l'oued Bou Ghaddoul (3 tombes); sur les collines de El-Mries, même bassin (2 groupes d'une douzaine) : sur le versant sud de la colline d'Aïn Daliya (3 ou 4 tombes); enfin sur les collines qui dominent à l'est la route de Tlata Raïzana à Ksar-el-Kébir (3 ou 4 tombes). Il ne s'est pas trouvé un seul dolmen au Jeu du Loukkos. (Loc. cit., p. 386.)

veines bleuâtres ou jaunes du Kis. Il est vraisemblable qu'elles
avaient été empruntées aux affleurements de calcaires bien stra-
tifiés du lias moyen qui se présentent en Algérie, puis trans-
portées, non sans difficultés, au travers d'une région très acci-
dentée, sur cette partie du territoire africain qui appartient
aujourd'hui au Maroc.

L'orientation de ce dolmen est exactement N 12° E; la dalle
de recouvrement, équarrie avec soin sur les côtés, épaisse de 0ᵐ.40,

Fig. 1. Dolmen des Beni-Snassen, Maroc. (D'après un dessin de M. Ch. Vélain.)

mesure 2ᵐ,80 de long sur 2 mètres de large : elle présente sur
l'angle nord-ouest une petite cavité de forme ovalaire, profonde
de 0ᵐ.05, creusée de main d'homme, comme les quatre rigoles
qui viennent y aboutir et destinée, sans doute, à recueillir le sang
des animaux sacrifiés pendant les cérémonies funèbres. Deux
dalles plus épaisses (0ᵐ.45 à 0ᵐ.50) et moins régulières, placées
verticalement de chaque côté, servent de soutien à la table. Une
large dalle, d'épaisseur moyenne de 0ᵐ.50 à 0ᵐ.55 fermait l'ou-
verture du côté sud. Il en avait dû être de même pour l'entrée
qui était dirigée vers le nord, mais la dalle de fermeture rejetée
sur le côté attestait que le dolmen avait été brutalement fouillé.

La chambre sépulcrale était vide, en effet, et le dallage du fond recouvert seulement d'une légère couche de terre fine et d'herbes à demi séchées.

Les dimensions de cette chambre sépulcrale sont en longueur de 1^m.90 : en largeur, 1^m.10 à la base et 0^m.90 au sommet. La hauteur mesurée du dallage du fond à la paroi inférieure de la dalle de recouvrement est de 1^m.20.

Autour du dolmen, de nombreux blocs de calcaires blancs du

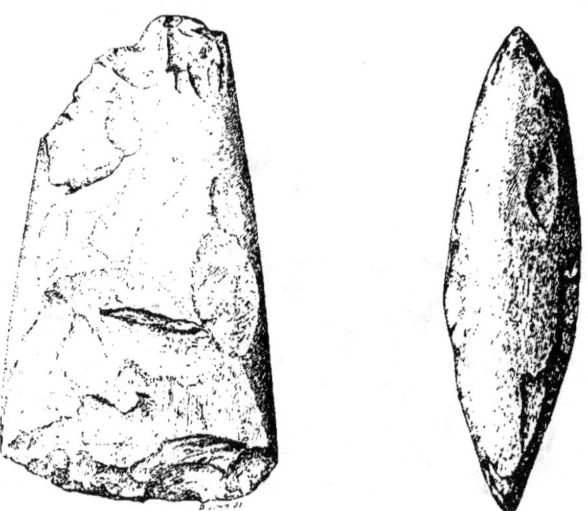

Fig. 2-3. Hache en silex poli du dolmen des Beni-Snassen (Maroc).
(*Musée d'Ethnographie.*)

Kis grossièrement équarris, de 0^m,40 à 0^m,50 en moyenne, attestaient la présence d'une ancienne enceinte circulaire en partie démantelée, dont le diamètre avait dû être de 4 à 5 mètres.

En avant de la chambre sépulcrale, sur le côté ouest, des pierres, arrangées avec un certain ordre, recouvraient les restes d'un foyer, nettement accusé par la présence, au milieu d'une terre noire cendreuse, de fragments de charbon et de nombreux os calcinés parmi lesquels des dents de cheval[1] et de bœuf étaient bien reconnaissables.

1. Cette découverte de restes de cheval dans l'enceinte d'un dolmen au Maroc

Avec ces restes incinérés se trouvaient des fragments de poteries grossières, brisées intentionnellement lors des cérémonies funèbres qui ont été célébrées au moment des funérailles. Les interstices des pierres du plancher du dolmen étaient de même remplis de cendres grisâtres mêlées de débris de charbons.

Des fouilles pratiquées, soit dans l'espace libre circonscrit par l'enceinte circulaire, soit au voisinage immédiat du dolmen, sont restées infructueuses. Près du foyer, sous une dalle de pierre, j'ai recueilli enfouis à 0^m,30 centimètres dans le limon argileux rougeâtre qui forme là le revêtement du massif calcaire jurassique, une grossière figurine en pierre et trois haches en silex poli, malheureusement incomplètes, mais qui sont très remarquables par leur extrême ressemblance avec celles de la période néolithique dans notre pays. Les figures 2 et 3 ci-jointes représentent, vue de face et de profil, la mieux conservée de ces trois pièces. Cette hache est longue de 104 millimètres, large de 59 au tranchant, épaisse de près de 30, et rentre dans le type décrit par M. Evans sous le nom de *Celts polis à côtés aplatis*. Comme le spécimen des environs de Cambridge représenté par ce savant archéologue dans la page 45 de son livre [1], elle offre sur une de ses faces nombre de retouches destinées à refaire un taillant endommagé.

Une autre hache, aux côtés un peu plus tranchants, a perdu sa moitié antérieure et présente sur ses deux faces des retailles qui ont en grande partie enlevé la surface primitivement polie. Sa largeur maxima est de 62 millimètres, son épaisseur en atteint 37, et la longueur du fragment conservé mesure 91 millimètres. Notre troisième hache n'est représentée que par sa crosse ou son talon, si l'on aime mieux, très bien conservé du reste,

soulève un gros problème. On sait d'une manière très positive que cet animal n'a pas été introduit en Égypte avant l'invasion des *Hycsos* ou *Pasteurs* et qu'il venait d'Asie (Cf. Piétrement, *Sur l'introduction du cheval en Égypte* : Rev. d'*Ethnographie*, t. III, p. 369, 1884). Le cheval de notre dolmen avait-il cette même origine ? et dans ce cas le dolmen serait de date relativement récente. Ou faut-il supposer que les constructeurs de mégalithes ont amené avec eux un cheval d'une autre race de nos contrées, dont l'archéologie les montre originaires ? De nouvelles découvertes pourront seules trancher cette difficile question.

1. J. Evans, *Les âges de la pierre ; instruments, armes et ornements de la Grande-Bretagne*, trad. franç. Paris. 1878, in-8, p. 107.

et qui appartient au type de la hache n° 1, figurée ci-dessus. Ce fragment mesure 71 millimètres de hauteur, 42 de largeur et 28 d'épaisseur.

Nos trois pièces sont revêtues, jusque sur leurs surfaces brisées, d'un épais cacholong et portent toutes trois de nombreuses taches de rouille.

Pour expliquer l'origine de ces taches qui sont si fréquentes sur les silex taillés, exposés depuis longtemps à l'air ou seulement enfouis à une petite profondeur dans le sol, on admet généralement le choc, par suite de la culture, d'instruments de fer, socs de charrue, pioches, pelles, etc., qui, en frappant le silex y auraient laissé quelques traces de métal destinées à s'oxyder par la suite. Ce fait trouve son explication plus naturelle dans l'influence normale des eaux météoriques, qui, chargées d'acide carbonique et d'oxygène exercent, comme on sait, sur le sol, une action chimique notable dont le principal effet est la *suroxydation* des éléments ferrugineux qu'il contient. De là résulte la *rubéfaction* des arêtes vives des silex placés au voisinage de la surface du sol et exposés depuis longtemps aux intempéries. Très souvent ce dépôt de peroxyde de fer hydraté est accompagné d'une notable proportion de manganèse, précipité également à l'état d'oxyde par l'intervention des eaux pluviales et qui donne lieu à ces carbonisations ramifiées (*dendrites*) également caractéristiques des silex qui sont depuis longtemps exposés à l'air.

Les haches polies du dolmen des Beni-Snassen, tachées de rouilles comme elles le sont toutes, et gisant dans un sol entouré de pierres dressées, et de tout temps inaccessible à une culture qui n'a d'ailleurs utilisé jusqu'à la période actuelle que des instruments de bois, démontrent, semble-t-il, d'une manière irréfutable la nécessité d'attribuer principalement à l'action des eaux les rubéfactions des arêtes vives des silex qu'on a presque toujours attribuées jusqu'ici à des actions mécaniques, tout à fait inacceptables dans l'espèce.

Il me reste à dire quelques mots de la figurine qui accompagnait dans ma fouille les haches polies dont il vient d'être question. (*Musée d'Ethnogr.*) Ce n'est autre chose qu'un rognon de grès, de couleur rougeâtre, de forme irrégulièrement ovoïde, et sur l'une des faces duquel se détachent trois zônes blanchâtres arrondies, formées de couches concentriques et qui simulent assez bien deux yeux et une bouche. On a peut-être un peu accentué les lignes qui séparent certaines de ces couches, de façon à figurer deux gros yeux ronds entourés d'un double cercle et une sorte de bouche.

On a parfois trouvé des objets comparables jusqu'à un certain point au nôtre, dans des stations néolithiques de France et notamment dans la vallée de la Somme.

ANGERS, IMPRIMERIE A. BURDIN ET Cⁱᵉ, 4, RUE GARNIER.